BEI GRIN MACHT SICH IHR
WISSEN BEZAHLT

- Wir veröffentlichen Ihre Hausarbeit,
  Bachelor- und Masterarbeit

- Ihr eigenes eBook und Buch -
  weltweit in allen wichtigen Shops

- Verdienen Sie an jedem Verkauf

Jetzt bei www.GRIN.com hochladen
und kostenlos publizieren

Bibliografische Information der Deutschen Nationalbibliothek:

Die Deutsche Bibliothek verzeichnet diese Publikation in der Deutschen National-
bibliografie; detaillierte bibliografische Daten sind im Internet über http://dnb.d-
nb.de/ abrufbar.

Dieses Werk sowie alle darin enthaltenen einzelnen Beiträge und Abbildungen
sind urheberrechtlich geschützt. Jede Verwertung, die nicht ausdrücklich vom
Urheberrechtsschutz zugelassen ist, bedarf der vorherigen Zustimmung des Verla-
ges. Das gilt insbesondere für Vervielfältigungen, Bearbeitungen, Übersetzungen,
Mikroverfilmungen, Auswertungen durch Datenbanken und für die Einspeicherung
und Verarbeitung in elektronische Systeme. Alle Rechte, auch die des auszugsweisen
Nachdrucks, der fotomechanischen Wiedergabe (einschließlich Mikrokopie) sowie
der Auswertung durch Datenbanken oder ähnliche Einrichtungen, vorbehalten.

Impressum:

Copyright © 2010 GRIN Verlag
Druck und Bindung: Books on Demand GmbH, Norderstedt Germany
ISBN: 9783640733927

Dieses Buch bei GRIN:

https://www.grin.com/document/160210

Kai Subel, Michel Schultz

Sicherheit komplexer Informationssysteme

Seminarthema: Vergleich von PKI, AAI und IDM

GRIN Verlag

GRIN - Your knowledge has value

Der GRIN Verlag publiziert seit 1998 wissenschaftliche Arbeiten von Studenten, Hochschullehrern und anderen Akademikern als eBook und gedrucktes Buch. Die Verlagswebsite www.grin.com ist die ideale Plattform zur Veröffentlichung von Hausarbeiten, Abschlussarbeiten, wissenschaftlichen Aufsätzen, Dissertationen und Fachbüchern.

Besuchen Sie uns im Internet:

http://www.grin.com/

http://www.facebook.com/grincom

http://www.twitter.com/grin_com

2010

Sicherheit von komplexen Informatiksystemen

Seminarthema: Vergleich von PKI, AAI und IDM

Unsere Arbeit befasst sich mit dem Vergleich der Public-Key Infrastructure (PKI), der Authentifizierungs- und Autorisierungsinfrastruktur (AAI) und dem Identitätsmanagement (IDM). Ziel ist es, dem Leser einen möglichst aktuellen und realitätsnahen Einblick in dieses Thema zu verschaffen. Aufgrund dessen werden zunächst die einzelnen Verfahren detailliert beschrieben und jeweils mit Beispielen verdeutlicht. Anschließend erfolgt der eigentliche Vergleich, indem die Zusammenhänge und Unterschiede sowie die Vor- und Nachteile der genannten Verfahren verglichen werden. Am Ende der Ausarbeitung wird in einer Zusammenfassung, die sich aus unseren bisherigen Überlegungen ergibt, eine Empfehlung zu den Verfahren gegeben sowie das Fazit aus dieser Arbeit gezogen.

Michel Schultz & Kai Subel
14.01.2010

Vergleich von PKI, AAI und IDM

Inhaltsverzeichnis

Abbildungsverzeichnis

Tabellenverzeichnis

Glossar

Name	Definition
C	
Compliance	Compliance bezeichnet die Einhaltung von Verhaltensmaßregeln, Gesetzen und Richtlinien [WPC09]
D	
DFN	Deutsches Forschungsnetz
F	
Föderativ	Jeder Beteiligte kontrolliert die für ihn entscheidenden Schritte selbst
P	
Provisioning	Als Versorgungsprozess bzw. provisioning process wird ein Prozess bezeichnet, der nötig ist, um einen Anwender eines IT-Systems mit den grundsätzlichen Voraussetzungen für seine Tätigkeit auszustatten. [WPP09]
PMI (Privileg Management Infrastructure)	Eine PMI hat die Verwaltung von Attributen wie z.B. Privilegien, die zur Autorisierung von Entitäten benutzt werden können zur Aufgabe. [WT06]

1. Einleitung

Offene Netzwerke wie das Internet haben in der heutigen Zeit eine hohe Bedeutung für den Austausch von Informationen. Der Erfolg von webbasierten Anwendungen, die das Internet als Kommunikationsplattform nutzen, hängt dabei oft von der Informationssicherheit[1] und den Zugriffskontrollen ab.

In Bezug auf Sicherheitsmaßnahmen gibt es mehrere Verfahren, die angewandt und auch miteinander kombiniert werden können. Hierzu zählt unter anderem die Public Key Infrastructure (PKI), welche mittels digitaler Zertifikate und kryptographischer Verfahren die rechnergestützte Kommunikation absichern soll. Des Weiteren ist hierbei die Authentifizierungs- und Autorisierungsinfrastruktur (AAI) zu nennen, welche eine Validierungsinfrastruktur darstellt, die den Zugriff auf unterschiedliche Ressourcen vereinfachen soll. Identitätsmanagement (IDM) wird beispielsweise zur Autorisierung eingesetzt.

Im Folgenden werden die drei Konzepte, PKI, AAI und IDM näher erläutert und Zusammenhänge sowie Unterschiede herausgearbeitet.

---

[1] Stellt die Vertraulichkeit, Verfügbarkeit und Integrität der Informationsverbreitenden und -lagernden Systeme sicher

2. Public Key Infrastructure (PKI)

Die Public Key Infrastructure ist ein System aus der Kryptologie, welches digitale Zertifikate ausstellen, verteilen und prüfen kann.[2]

Die Zertifikate dienen dabei der Absicherung der rechnergestützten Kommunikation innerhalb einer PKI.[3]

Um einen Überblick des Aufbaus einer PKI zu erlangen, werden im Folgenden die Komponenten, die zu einer PKI gehören benannt und beschrieben.

Certification Authority – CA:

Die CA gibt die Zertifikate, die innerhalb einer PKI bestehen aus. Dabei folgt der Aufbau der Zertifizierungsstellen dem einer Baumstruktur. Es gibt eine Wurzelzertifizierungsstelle, welche die Basis des Vertrauens bildet. Unterhalb dieser Wurzel gibt es weitere Zertifizierungsstellen, welche wiederum Nachfolger haben. Die Vertrauenswürdigkeit dieser Zertifizierungsstellen ist sehr wichtig, denn sobald eine dieser Zertifizierungsstelle nicht mehr vertrauenswürdig erscheint, sind alle in der Hierarchie darunter liegenden in Bezug auf ihre Vertrauenswürdigkeit ebenfalls kritisch zu hinterfragen.[4]

Eine weltweit aufgestellte PKI gibt es in der Praxis jedoch nicht. Stattdessen gibt es meist in einzelnen Ländern oder in Unternehmen eigenen PKIs, die eine eigene Wurzelinstanz besitzen und darunter nach hierarchischem Muster weitere Zertifizierungsstellen.[5] Um diese unterschiedlichen PKIs miteinander zu vernetzten, werden sogenannte Cross-Zertifizierungen verwendet. Hierbei sprechen sich zwei gleichberechtigte Partner (in der Regel Wurzelzertifizierungsstellen) das Vertrauen aus. Die Regelungen der einen PKI sind dabei aber immer nur soweit für die andere PKI verbindlich, solange sie nicht deren Regelungen widersprechen. Dies kann also häufig zu Konflikten führen.[6]

Registration Authority – RA:

Die Verbindung zwischen öffentlichem Schlüssel, der Identität des Nutzers sowie dazugehörige Attribute wird durch die RA überprüft und sichergestellt.

Trust Center:

Häufig werden die Aufgaben der CA und der RA in einem Trust Center zusammengefügt. Das Trust Center arbeitet dabei nach bestimmten Regeln, die in einer Policy (Certifiacation Practice Statement – CPS) festgehalten sind. Hierbei werden unter anderem der Ablauf der Authentifizierung von Benutzern oder rechtliche und finanzielle Bedingungen geregelt.

Certification Revocation List - CRL:

Zertifikate, die vor Ablauf ihrer Gültigkeit zurückgezogen wurden, werden in einer Sperrliste der CRL verwaltet.

Online Certifiacte Status Protocol – OCSP:

Um den Status von Zertifikaten abzufragen, werden häufig Protokolle wie beispielsweise das OCSP eingesetzt.

Die Kommunikation innerhalb einer PKI läuft dabei nach folgendem Muster ab:

Jeder in dem (PKI-) Netzwerk registrierte Sender oder Empfänger besitzt einen öffentlichen (public) und einen privaten (private) Schlüssel (key). Damit für den Sender sichergestellt werden kann, dass der Kommunikationspartner auch wirklich derjenige ist, für den die Nachricht bestimmt ist, kontrolliert dieser zunächst das Zertifikat, welches die Echtheit des öffentlichen Schlüssels des Empfängers verifizieren soll.[7] Dieses Zertifikat beinhaltet zum Beispiel Informationen über den Zulassungs- und Anwendungsbereich des öffentlichen Schlüssels. Die Echtheit des Zertifikats wird hierbei wiederum durch eine Signatur, die mit Hilfe des öffentlichen Schlüssels des Zertifikatausstellers überprüft werden kann, sichergestellt.[8]

Damit der Sender seine Nachricht sicher an den Empfänger schicken kann, benötigt dieser nun zunächst den öffentlichen Schlüssel des Empfängers (dessen Echtheit er mittels des Zertifikats überprüft). Diesen erhält er zum Beispiel per Mail oder von einer Web-Site.[9] Anschließend benutzt er diesen öffentlichen Schlüssel, um damit seine Nachricht zu verschlüsseln. Aufgrund der Tatsache, dass der public und der privat key zueinander invers sind[10], kann der Empfänger die verschlüsselte Nachricht nun mit seinem privaten Schlüssel entschlüsseln.[11] Kryptosysteme wie dieses, bei denen jede der kommunizierenden Parteien ein solches Schlüsselpaar besitzt, werden als asymmetrische Kryptosysteme bezeichnet.[12] Der Ablauf ist in der folgenden Abbildung noch einmal dargestellt.

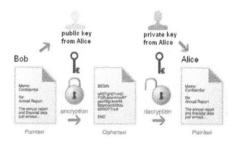

Abbildung 1: Public Key Encryption (Quelle: [IO09])

Sichere Kryptosysteme, wie zum Beispiel die asymmetrische Verschlüsselung können nach dem heutigen Stand der Technik, insofern geeignete Parameter, wie eine ausreichende Schlüssellänge (momentan gilt eine 4096 Bit Verschlüsselung als

[2] Vgl. [KT07], S. 1176

[3] Vgl. [KT07], S. 1176

[4] Vgl. [KT07], S. 1175

[5] Vgl. [WPPKI09]

[6] Vgl. [GO05]

[7] Vgl. [WPPKI09]

[8] Vgl. [KT07], S. 1176 ff

[9] Vgl. [WPPKI09]

[10] Vgl. [UKA09]

[11] Vgl. [KT07], S. 1176

[12] Vgl. [WPAK09]

ausreichend) gewählt wurden, auch bei Kenntnis des Verfahrens nicht zeitnah geknackt werden.

Die innerhalb einer PKI ausgestellten Zertifikate besitzen eine zeitlich begrenzte Gültigkeit. Die DFN[13] hat beispielsweise folgende Gültigkeiten festgelegt:

- Zertifikate von Zertifizierungsstellen maximal 12 Jahre

- Zertifikate für Datenverarbeitungssysteme maximal 5 Jahre

- Nutzerzertifikate (natürliche Personen) maximal 3 Jahre[14]

Die Beschränkung der Gültigkeit hat folgende Gründe:

- Ein Nutzer könnte inaktiv werden und jemand anderes, der dieses Zertifikat entdeckt, könnte sich dann als der andere Nutzer ausgeben

- Informationen über den Nutzer können sich verändert haben (z.B. Name, Unternehmen)

- Auch eine Sperrung des Zertifikats ist möglich, wenn der Besitzer z.B. seinen privaten Schlüssel verloren hat[15]

Häufig werden digitale Zertifikate bei der verschlüsselten Datenübertragung zwischen Webbrowser und Webserver unter Verwendung des SSL Protokolls eingesetzt.[16]

---

[13] Deutsches Forschungsnetz
[14] Vgl. [DFN06], S. 22
[15] Vgl. [SRPKI09]
[16] Vgl. [HN04], S. 301 f

3. Authentifizierungs- und Autorisierungsinfrastruktur (AAI)

Die Abkürzung AAI steht für Authentifizierungs- und Autorisierungsinfrastruktur. Es handelt sich hierbei also um eine Validierungsinfrastruktur, welche beispielsweise bei Web-Anwendungen eingesetzt werden kann.[17]

Am Beispiel eines an Schweizer Universitäten durchgeführten Pilotprojektes, kann man sich diesen Sachverhalt folgendermaßen vorstellen:[18]

Zunächst erfolgt eine Darstellung, des Ablaufs ohne eine AAI.

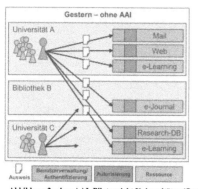

Abbildung 2: ohne AAI, Pilotprojekt Universitäten (Quelle: [SAAI09])

Bei einer solchen Validierungsinfrastruktur ist für jeden Dienst (Mail, Web, e-Learning) jeweils ein eigener Account anzulegen. Dies bedeutet vor allem auf administrativer Seite einen sehr großen Aufwand, da für jeden der Bereiche einzeln die Benutzer gepflegt und Authentifizierungsmaßnahmen durchgeführt werden müssen. Doch nicht nur für die Leistungsanbieter bedeutet dies einen erhöhten Aufwand. Auch der Benutzer sieht sich einer großen Zahl von Daten gegenüber gestellt, die er sich selber merken und verwalten muss.[19]

Ein AAI basierter Ansatz geht hingegen von einer föderativen Verteilung der Aufgaben aus. Dies bedeutet, dass jeder Beteiligte die für ihn entscheidenden Schritte selbst kontrolliert.[20] Am Beispiel des Pilotprojektes ergibt sich damit folgendes Bild:

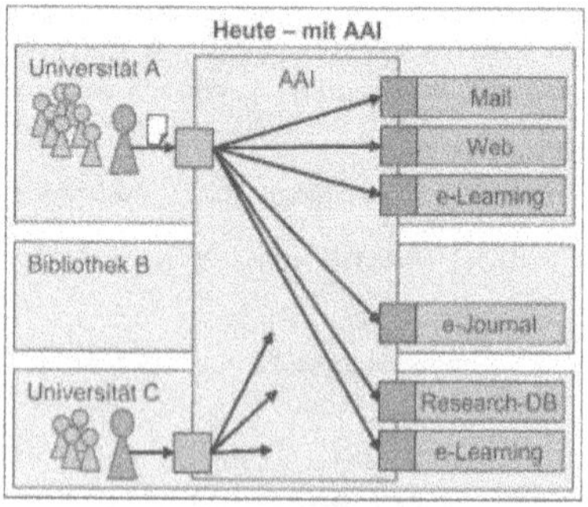

Abbildung 3: mit AAI, Pilotprojekt Universitäten (Quelle: [SAAI09])

Bei diesem Ansatz ist jede Universität für die Registrierung ihrer eigenen Benutzer verantwortlich und führt diese auch durch. Dabei wird jedem registrierten Benutzer genau ein Account (ein Benutzername und ein Passwort) zugewiesen, mit welchem er anschließend über einen einheitlichen Authentifizierungsmechanismus (das AAI) auf unterschiedlichste, in dem AAI verfügbare, Ressourcen zugreifen kann.[21]

3.1 Single Sign On

Eine AAI ermöglicht die Nutzung von Single Sign On.[22]

Single Sign On ist ein Mechanismus, bei dem sich der Benutzer (an einem Arbeitsplatz) durch einmalige Authentifizierung und Autorisierung in einem System anmeldet und hierdurch Zugriff auf alle für seine Benutzerrechte freigegebenen Bereiche erhält.[23]

3.1.1 Vorteile

Vorteile, die sich durch den Einsatz eines Single Sign On Verfahrens ergeben sind:

- Erhöhte Sicherheit, da beispielsweise durch Fishing Attacken das Passwort nur an einer Stelle abgefangen werden kann.

- Diese eine Möglichkeit zum Einloggen kann zudem einfacher auf Korrektheit (URL, Zertifikate) überprüft werden.

- Erhöhte Sicherheit, da nur noch ein Benutzeraccount verwaltet werden muss. Wenn Benutzer gelöscht werden sollen, muss nicht mehr überprüft werden, für welche Dienste dieser einen Account besaß.

- Zudem ist mit einer Zeitersparnis zu rechnen, da sich der Benutzer nun lediglich an einer zentralen Stelle

---

[17] Vgl. [UIBK09]

[18] Vgl. [SAAI09]

[19] Vgl. [RJ07], S. 46

[20] Vgl. [SAAI09]

[21] Vgl. [SAAI09]

[22] Vgl. [TM09]

[23] Vgl. [OG09]

anmelden muss um Zugang auf alle Daten zu erlangen[24]

3.1.2 Nachteile

Die Nachteile eines Single Sign On Verfahrens sind folgende:

- Wenn ein Angreifer den Benutzernamen und das Passwort eines Benutzers entwendet hat, kann dieser auf alle Systeme, für die dieser Benutzer Zugriffsrechte besitzt zugreifen. Beim Umgang mit ihren Passwörtern müssen die Benutzer daher besonders vorsichtig sein.

- Der Verlust des generellen Passworts (vom SSO) ist nur dann von Nachteil, wenn für die verwendeten Dienste (ohne SSO) jeweils unterschiedliche Passwörter verwendet werden würden.

- Die Verfügbarkeit der Dienste hängt von der Verfügbarkeit des Single Sign Ons ab. Ist es nicht möglich, sich einzuloggen, so kann man auf keinen der dahinter liegenden Dienste zugreifen.[25]

3.1.3 Auswirkungen eines SSO auf die AAI

Diese Architektur hat also einen viel geringeren administrativen Aufwand zur Folge. Auch für den Benutzer wird die Bedienung viel einfacher, da er nur noch über eine Kennung verfügt und mit dieser auf alle für ihn zugänglich gemachten Daten zugreifen kann.

Auch die Integration von Ressourcen anderer Beteiligter ist einfacher, denn bei einer AAI definiert der Ressourcenbesitzer selber, wer autorisiert ist, auf bestimmte Daten zuzugreifen und wer nicht.[26]

3.1.4 Implementierungsbeispiel mit Shibboleth

Eine solche AAI kann beispielsweise mit der Software Shibboleth realisiert werden. Shibboleth ermöglicht es, Single Sign On zu nutzen, sodass sich der Benutzer bei seiner Heimatorganisation für Webanwendungen authentifizieren und autorisieren kann und anschließend auf diese Zugriff erhält.[27]

Die Funktionsweise ist hierbei folgende:

Wenn ein Benutzer auf eine geschützte Ressource zugreifen will, überprüft der Anbieter der Ressource zunächst, ob der Benutzer authentifiziert ist. Ist dies nicht der Fall, so wird der Benutzer zunächst zu einem Lokalisierungsdienst weitergeleitet, bei dem er seine Heimatorganisation auswählt und sich hier mittels Benutzername und Passwort oder etwa einer Chipkarte authentifiziert. Die erfolgreiche Authentifizierung wird dem Anbieter der Ressource mittels eines digitalen Ausweises bestätigt.

Anschließend überprüft der Anbieter mittels Autorisierung, ob der Benutzer auch auf die angefragten Ressourcen zugreifen darf. Falls der Anbieter weitere Informationen benötigt, ob er den Zugriff auf die Ressource gestatten darf oder nicht, fragt dieser

wiederum bei der Heimatorganisation des Benutzers nach, über welche Rechte dieser verfügt. Diese können beispielsweise von der Fakultätszugehörigkeit einer Universität abhängig sein.[28]

---

[24] Vgl. [WPSSO09]

[25] Vgl. [WPSSO09]

[26] Vgl. [SAAI09]

[27] Vgl. [SB09]

[28] Vgl. [WPSB09]

4. Identitätsmanagement (IDM)

Bevor auf das Identitätsmanagement eingegangen wird, soll die Frage geklärt werden, was ist überhaupt Identität? „Identität definiert eine Person als einmalig und unverwechselbar und zwar in zweierlei Hinsicht: durch das Individuum und durch die soziale Umgebung." [29]

Hierzu sei noch gesagt, dass Menschen im normalen Leben eine eindeutige physische Identität besitzen. Diese ist jedoch im Bereich von IT-Systemen nicht vorhanden, da z.B. aufgrund von mehreren E-Mail-Adressen mehrere virtuelle an eine physische Identität gehen. [30]

Im Folgenden wird auf die verschiedenen Identitäten, die mit einem Identitätsmanagement abgebildet werden können genauer erläutert:

4.1 Physische Identität

Unter einer physischen Identität wird eine reell bestehende Person verstanden. Diese Identität gibt es auch nur einmal, da jede Person einzigartig ist. Im Vergleich dazu können digitale oder auch virtuelle Identitäten mehrmals bestehen. Es ist jedoch gerade in der heutigen Zeit immer mehr zu erkennen, dass die starke Barriere zwischen physischer und digitaler bzw. virtueller Identität immer mehr zu verschwinden scheint, da gerade Plattformen wie „studiVZ" sehr stark darauf abzielen, keine neu erfundene Identität zu erschaffen, sondern die eigene, physische Identität, digital im Internet darzustellen. [31][32]

4.2 Digitale Identität

Eine digitale Identität wird benötigt, um auf Ressourcen und Services, die meist im „www" Angeboten werden, zugreifen zu können. Bevor man diese Services nutzen kann, muss zunächst die Echtheit der eigenen Identität bewiesen werden. Diese Kontrolle findet oft durch ein unsicheres Passwort statt. Unsicher ist das Passwort aus dem Grund, weil andere Personen dieses schnell in Erfahrung bringen können und somit sich für eine andere physische Identität ausgeben können. Sobald diese Identität bestätigt ist, muss eine Authentifizierung stattfinden, indem geprüft wird, ob der Benutzer die angeforderte Ressource überhaupt benutzen darf. Diese Prüfung erfolgt, indem zuvor Rechte für jeden Benutzer angelegt wurden und beim Abruf von Ressourcen durch den Server überprüft werden. [33]

4.3 Virtuelle Identität

„Eine virtuelle Identität ist eine dienst- oder anwendungsspezifische Repräsentation einer Person im Netz. „ [34] Außerdem ist diese von Merkmalen wie der Dauerhaftigkeit gekennzeichnet. Im Gegensatz zu oft bestehenden Verwechslungen mit der Online-Selbstdarstellung, die z.B. dieses Merkmal nicht besitzt. [35]

Ein Beispiel hierfür wäre eine Anmeldung in einem Chat. Wenn die Person diesen Chat nie wieder betritt, handelt es sich um eine Online-Darstellung, da das Merkmal der Konsistenz fehlt. D.h. um sich eine virtuelle Identität im Internet zu erschaffen, muss diese für einen längeren Zeitraum wiederverwendet werden. [36]

4.4 Das Identitätsmanagement

Nach diesem kurzen Exkurs über das Thema „Identität" wird nun genauer auf das IDM eingegangen:

Definition:

„Identity-Management (IDM) umfasst alle Maßnahmen für den sicheren Zugang von Personen und Computern zum Netz und zu Applikationen. Im Identity-Management spiegeln sich die verschiedenen Verfahren für das Zugriffsmanagement, die Authentifizierung, das Passwort-Management, Provisioning sowie für die Directory Services wieder." [37]

Das IDM erfährt einen immer höheren Stellenwert. Grund hierfür ist zum einen, dass es immer wichtiger wird, wie man seine eigene Identität zugleich einfach, jedoch auch sicher aufbewahren kann und zum anderen, welche Anforderungen ein User an die unterstützenden Systeme stellt, die bei der sicheren Aufbewahrung der Identitäten helfen. [38] Außerdem wird durch das Identitätsmanagement verhindert, dass die Daten auf unterschiedlichen Verzeichnissen/Datenbanken redundant gehalten werden und oft keine Interaktion zwischen den verschiedenen Speicherorten besteht. Daher kann auch auf die Richtigkeit der Daten mehr Wert gelegt werden, als wenn es mehrere Speicherorte gibt, auf die unabhängig voneinander geschrieben wird, da das IDM diese an einem Ort zusammenfasst. [39]

4.4.1 IDM in Unternehmen

In diesem Abschnitt soll genauer erläutert werden, warum es immer wichtiger für Unternehmen wird, das Identitätsmanagement einzuführen. Ein entscheidender Grund ist, dass neue Regularien verlangen, dass Unternehmen nachvollziehen können, welche Person, zu welchem Zeitpunkt, Zugriff auf welche Datei hatte. Des Weiteren wird durch ein bestehendes IDM die Benutzerverwaltung transparenter gestaltet. D.h. beispielsweise, dass keine manuelle Passwort-Rücksetzung durchgeführt werden muss, sowie die Benutzerrechte z.B. nur an einer einzigen Stelle geändert werden müssen. Bei Fehlern in der Verwaltung von Mitarbeitern können ohne ein gut funktionierendes IDM Verzögerungen auftreten, die wiederum zu Umsatzeinbußen führen. [40]

Wichtig bei der Einführung vom Identitätsmanagement in Unternehmen ist, dass es nicht auf zwang abrupt umgestellt werden sollte, sondern es möglich ist, das IDM in Phasen zu entwickeln und einzuführen. Außerdem sollte bei der Einführung des IDM die Anpassungsfähigkeit an die Unternehmensstruktur beachtet werden, ebenso wie die Schnelligkeit es in das Unternehmen zu integrieren. Weitere wichtige Punkte bei der Auswahl des IDM sind, dass dieses erweiterungsfähig ist, d.h.

---

[29] [MN08] S.2

[30] Vgl. [SR09] S.2

[31] Vgl. [JE08]

[32] Vgl. [RT09]

[33] Vgl. [SR09] S.4

[34] [UH09]

[35] Vgl. [UH09]

[36] Vgl. [UH09]

[37] [ITW09]

[38] Vgl. [SR09] S.1

[39] Vgl. [PF09] S.7

[40] Vgl. [CC04] S.11ff

dass z.B. Dienste erweitert werden können. Selbstverständlich sollte auch der Kostenaspekt Berücksichtigung finden. [41]

4.5 Vor- und Nachteile vom Identitätsmanagement

4.5.1 Vorteile

- Erhöhte Sicherheit: Provisioning stellt sicher, dass z.B. Ex-Mitarbeiter keinen Zugriff mehr auf die Daten besitzen.

- Kostenreduzierung: Durch Single-Sign-On können die Help-Desk Kosten gesenkt werden, da z.B. Passwörter nur an einer Stelle vergeben und neu gesetzt werden müssen.

- Benutzerfreundlichkeit: z.B. Single-Sign-On steigert die Produktivität, indem die Akzeptanz für die angeschlossenen Systeme erhöht wird.

- Bessere Synergie: Verschiedene Programme müssen nicht ihr eigenes User- und Access-Management implementieren, da dies vom IDM übernommen wird.

- Verbesserte Compliance: Da der Druck durch gesetzliche Regulierungen auf die IT immer mehr steigt, ist es sinnvoll IDM einzusetzen.

- Flexible Geschäftsprozesse: Um bei Web-Services, Sicherheit auf einem hohen Niveau implementieren zu können, wird IDM benötigt. [42]

4.5.2 Nachteile

- Komplexität der Systeme: Durch IDM steigt die Komplexität der Systeme.

- Schrittweise Implementierung nötig: Es wird für die Implementierung von IDM eine schrittweise Implementierung empfohlen, die den Umstellungszeitraum auf das Identitätsmanagement erhöht.

- Integration in bestehende Umgebung: Eine Integration in die meist schon bestehende Umgebung stellt sich nicht immer als einfach heraus und ist somit mit einem sehr hohem Planungsaufwand sowie Integrationsaufwand verbunden.

- Kostenfalle durch falsche Implementierung: Die Implementierung von IDM kann schnell zu einer Kostenfalle werden, da sich die Integration als

komplexer herausstellen kann, als sie im Vorfeld geplant wurde. [43]

4.6 Verfahren des Identitätsmanagement

4.6.1 Verzeichnisdienste

Unter Verzeichnisdiensten versteht man einen zentralen Verwaltungs- und Aufbewahrungsort für Identitäten. D.h. in diesen Verzeichnissen werden z.B. alle Personen einer Stadt mit deren Attributen wie Name und Straße zusammengefasst. Um jedoch diese Verzeichnisse sinnvoll durchsuchen zu können, benötigt man ein Zugriffsprotokoll. Eines dieser Protokolle ist das LDAP (Lightweight Directory Access Protocol). Bei diesem Zugriffsprotokoll werden die Objekte in hierarchisch strukturierte organisatorische Einheiten geordnet. Die Ordnung kann z.B. anhand des eindeutigen Namens oder, sofern dieser nicht eindeutig sein kann durch einen Identifier stattfinden. Außerdem können die Objekte in unterschiedliche Klassen eingeteilt werden und somit kann mit diesem Verfahren die direkte Umsetzung einer rollenbasierten Autorisierung unterstützt werden, da diese, wie in der folgenden Abbildung gezeigt, in einer Baumstruktur dargestellt werden kann. [44]

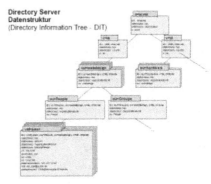

Abbildung 4: Directory Information Tree (Quelle: [SR09])

Abbildung 4 stellt einen so genannten Informationsbaum dar, indem verschiedene Kategorien dargestellt werden können, um wie eben erwähnt, eine schnelle Organisation von Identitäten anhand von Merkmalen zu garantieren.

4.6.2 Single-Sign-On (SSO)

Da Single-Sign-On bereits in Abschnitt 3.1. genauer erläutert wurde, soll hier nur kurz erwähnt werden, dass nach einer zentralen Identität, welche durch die Verzeichnisdienste

---

[41] Vgl. [CC04] S.13ff
[42] Vgl. [PF09] S.12ff
[43] Vgl. [PF09] S.14ff
[44] Vgl. [SR09] S.4

gewährleistet war, es beim Identitätsmanagement nun an der Reihe war, eine vereinfachte und zentralisierte Authentifizierungsinfrastruktur einzuführen, also das sog. Single-Sing-On. Dieses Authentifizierungssystem ist heute Standard in z.B. den Betriebssystemen Windows und Mac OS. [45]

4.6.3 Role Based Access Control

Nachdem nun das zentralisierte Authentifizierungssystem vorhanden war, musste nun die Rechtevergabe verbessert werden, da eine manuelle Zuweisung der Rechte viel zu lange dauern würde und deshalb ineffektiv ist. Aus diesem Grund werden den verschiedenen Mitarbeitern Rollen zugewiesen, wie z.B. Programmierer und Vertriebsmitarbeiter. Diesen Rollen werden dann verschiedene Rechte z.B. zur Nutzung von Ressourcen zugewiesen. [46]

4.7 Implementierungsbeispiel SOA

Vorweg eine kurze Erläuterung was unter SOA zu verstehen ist: Vereinfacht ausgedrückt versucht SOA (Service Oriented Architecture), die vorhandenen EDV-Komponenten wie Datenbanken, Server etc. so in Dienste zu kapseln und zu koordinieren, dass ihre Leistungen dann zu höheren Diensten zusammengefasst und zur Verfügung gestellt werden können. [47] Der Sinn hinter der Implementierung von SOA ist es, dass schneller auf Veränderungen im Unternehmen reagiert werden kann und das nicht nur funktional sondern auch geographisch. [48] SOA erfreut sich immer größer werdender Beliebtheit in Unternehmen. Das Problem bei vielen Firmen ist jedoch, dass die Zugriffsrechte von den Verantwortlichen pragmatisch gelöst werden und sofern die IT-Infrastruktur des Unternehmens weiter ausgebaut wird, die Zuordnung der Zugriffsrechte unbeherrschbar wird. Deshalb sollte in diesem Fall ein Identitätsmanagement eingeführt werden, da es ohne ein funktionierendes IDM schwierig ist eine SOA aufzubauen, die Sicherheit, Verbindlichkeit und Nachvollziehbarkeit gewährleistet, da dies pragmatisch, von einzelnen Mitarbeiter nicht durchgeführt werden kann. Dieses Problem lässt sich mit Hilfe eines Beispiels verdeutlichen:

Wenn ein Unternehmen drei verschiedene Programme nutzt, müssen für diese Programme die Zugriffsrechte für alle Mitarbeiter manuell gepflegt werden, was zum einen ein sehr hohen Arbeitsaufwand und Overhead führt und zum anderen die Performance der Geschäftsprozesse negativ beeinflusst, da dieses Vorgehen sehr ineffektiv ist, da z.B. bei Änderungen der Berechtigungen, diese manuell in jedem Teilsystem geändert werden müssen. Aus diesem Grund sollte ein zentralisiertes Identitätsmanagement eingeführt werden. Mit Hilfe des IDM ist es zum einen möglich Single-Sign-On (SSO) durchzuführen sowie ein zentrales Benutzerverzeichnis zu erstellen und dort verschiedene Attribute, wie z.B. die Unternehmensrollen und Programmberechtigungen zu pflegen. Da der Einsatz von SSO mit einem hohen Aufwand verbunden ist, wird in den Unternehmen meist nur ein Teil der Systeme hiermit verbunden. [49]

---

[45] Vgl. [SR09] S.5

[46] Vgl. [SR09] S.5

[47] [WPS09]

[48] Vgl. [DM07] S.11

[49] Vgl. [CW08]

5. Vergleich PKI, AAI und IDM

5.1 PKI vs. AAI

Eine PKI und eine AAI dienen unter anderem der Absicherung der Kommunikation innerhalb von Computersystemen.

Die Gewährleistung der Echtheit von öffentlichen Schlüsseln ist eine zentrale Aufgabe der PKI.[50] Sie stellt zunächst sicher, dass alle in dem Netz registrierten Benutzer gültige Zertifikate besitzen, welche zur Absicherung der computergestützten Kommunikation eingesetzt werden. Über ein asynchrones Verschlüsselungsverfahren wird hierbei der Nachrichtenaustausch zwischen den Benutzern sichergestellt. Der Aufbau der Zertifizierungsstellen folgt hierbei dem einer Baumstruktur.

Eine AAI dient dazu den Zugriff auf Ressourcen, die nur für bestimmte Personen zugänglich sein sollen, zu regeln. Sie geht dabei im Gegensatz zum Ansatz der PKI in Bezug auf die Verteilung der Verantwortlichkeiten nicht von einer Verteilung nach einer Baumstruktur aus, sondern basiert auf einer föderativen Verteilung der Aufgaben.

Vergleicht man nun diese beiden Ansätze in Bezug auf ihre Einsatzgebiete, so fällt auf, dass der Fokus der PKI durch den Einsatz von Zertifikaten insbesondere auf die Authentifizierung von Nutzern ausgerichtet ist. Es soll also sichergestellt sein, dass die Nutzer, welche die PKI verwenden auch wirklich diejenigen sind, die sie vorgeben zu sein.

Es ist jedoch möglich, die Zertifikate zu erweitern und weitere Attribute in das Zertifikat aufzunehmen, die zum Beispiel Zugriffprivilegien beinhalten und somit auch die Einbindung von Autorisierungsmaßnahmen ermöglichen.[51]

Es kann jedoch ein Problem entstehen, wenn ein Zertifikat mehrere Attribute beinhaltet. Tritt der Fall ein, dass sich eines der eingepflegten Attribute vor dem Gültigkeitsende des erweiterten Zertifikates verändert, verliert das erweiterte Zertifikat seine Gültigkeit und muss zurückgerufen werden. Somit verfallen auch die anderen, dem erweiterten Zertifikat zugeordneten Attribute.

Um dieses Problem zu umgehen, weiß man daher meist für jedes Attribut ein neues Zertifikat aus. Hieraus resultiert eine Aufteilung der Zertifikate in Public-Key-Zertifikate sowie Attribut-Zertifikate. Die Public Key-Zertifikate dienen der PKI zur Authentifizierung, wohingegen die Attribut-Zertifikate bei einer Privileg-Management-Infrastruktur (PMI) der Autorisierung dienen. Die Kombination dieser beiden Infrastrukturen (PKI und PMI) wird dann als AAI bezeichnet.[52]

Es lässt sich also festhalten, dass eine PKI als Bestandteil einer AAI angesehen werden kann, welcher für die Authentifizierung der Benutzer zuständig ist.

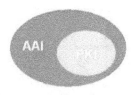

Abbildung 5: Vergleich von PKI und AAI (Quelle: Eigene Darstellung)

Der eben genannte Sachverhalt wird deshalb grafisch in Abbildung 5 dargestellt, in der zu sehen ist, dass die PKI als Teilmenge der AAI zu verstehen ist.

5.2 PKI vs. IDM

In diesem Abschnitt soll ein Vergleich zwischen dem PKI und IDM auf Grundlage von Gemeinsamkeiten, Einsatzgebieten sowie Funktionsweisen stattfinden.

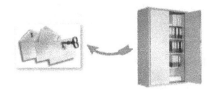

Public-Key Infrastructure   Identitätsmanagement

Abbildung 6: Zusammenhang zwischen PKI und IDM (Quelle: Eigene Darstellung)

Abbildung 6 soll den Zusammenhang zwischen der PKI und dem IDM zum besseren Verständnis visualisieren aufzeigen. Die linke Seite stellt die PKI dar, die für die sichere Übertragung der Daten zwischen z.B. Personen und Computern zuständig ist, indem diesen Zertifikate und Schlüssel zugewiesen werden. Es werden zum einen die Zertifikate der verschiedensten Kommunikationspartner durch die PKI ausgestellt und zum anderen durch eine Prüfung der Zertifikate festgestellt, ob es sich tatsächlich um die gewünschten Kommunikationspartner handelt. Aus diesem Grund wird die PKI auch als verschlüsselter Briefumschlag in der obigen Abbildung dargestellt. Das IDM hingegen kann nicht sicherstellen, ob es sich um den korrekten Austauschpartner handelt, da das Identitätsmanagement eher für die interne Verwaltung und Zuweisung von Rechten und Zertifikaten, also zum Beispiel für die Benutzerverwaltung eines Unternehmens, zuständig ist. Aus diesem Grund wird das IDM auch als Aktenschrank dargestellt, da die Rechte der Mitarbeiter ordnungsgemäß aufbewahrt und geführt werden.

Deshalb lässt sich wie in der Grafik zusehen ist, folgendes ableiten:

[50] Vgl. [WT06], S. 28

[51] Vgl. [WT06], S. 28

[52] Vgl. [WT06], S. 30

Die PKI kann selbstverständlich eigenständig bestehen, indem die Zertifikate von der PKI ausgestellt, verwaltet und geprüft werden. Zwar ist eine unternehmensinterne Verwaltung der Rechte anhand von Zertifikaten ohne das Identitätsmanagement nicht trivial durchzuführen. Außerdem ist es manuell mit einem sehr hohen Aufwand und sehr hoher Fehleranfälligkeit verbunden. Eine hohe Fehleranfälligkeit besteht, weil der zuständige Mitarbeiter schnell den Überblick über die Rechte verliert und bei kleinsten Änderungen, diese an allen durchzuführenden Stellen ausführen muss, da es ansonsten zu einer Inkonsistenz kommt. Deshalb kann man sagen, dass für den eigentlichen sicheren Übertragungszweck der PKI kein Identitätsmanagement benötigt wird, da diese beiden Verfahren völlig verschiedene Bereiche im Sicherheitsmanagement abdecken. Sofern jedoch Zertifikate der einzelnen Mitarbeiter zur Benutzerverwaltung genutzt werden sollen, ist der kombinierte Einsatz von PKI und dem Identitätsmanagement empfehlenswert, da eine solche Verwaltung nur effektiv durchgeführt werden kann, wenn diese nicht manuell durch einzelne zuständige Personen ausgeführt wird.

Andersherum ist es nicht ganz so einfach, da sich das Identitätsmanagement zur Rechte- und Benutzerverwaltung auf etwas beziehen muss, wie z.B. Zertifikate von verschiedenen Mitarbeitern. Es ist natürlich, wie weiter oben schon erwähnt möglich, eine solche Verwaltung komplett ohne Identitätsmanagement und Zertifikate vorzunehmen, jedoch ist dies ab einer gewissen Unternehmensgröße eine unakzeptable Lösung, da bei kleinsten Änderungen von Rechten, viele einzelne Schritte konsistent ausgeführt werden müssen und somit schnell Fehler passieren können. Selbstverständlich müssen zur Verwaltung der Mitarbeiter nicht zwingend Zertifikate eingesetzt werden, da es auch mit eindeutigen Namen oder IDs möglich ist die Rechte zuzuweisen, jedoch werden die Zertifikate durch die PKI überprüft und das Unternehmen kann wirklich sicher gehen, dass es sich auch um diese Person handelt. Deshalb lässt sich folgendes daraus schließen. Eine effektive Benutzerverwaltung lässt sich zwar einne nur mit dem IDM durchführen und zum anderen benötigt das Identitätsmanagement hierfür z.B. die PKI, damit es sich auf die Zertifikate der einzelnen Benutzer beziehen kann und anhand dieser Zertifikate eine sinnvolle Rechtevergabe innerhalb des Unternehmens gewährleisten wird.

5.3 AAI vs. IDM

Der letzte Vergleich befasst sich mit den beiden Verfahren AAI und IDM.

Das IDM ist, wie bereits beschrieben, insbesondere für die Verwaltung und Überprüfung von Benutzerrechten zuständig. Dieser Bereich lässt sich also unter dem Begriff Autorisierung zusammenfassen, da z.B. hiermit sichergestellt wird, welcher Benutzer auf welche Ressourcen zugreifen darf.

Eine AAI bezeichnet eine Authentifizierungs- und Autorisierungsinfrastruktur. Sie beinhaltet somit ebenfalls den Bereich der Autorisierung. In dem im 3. Kapitel anhand des Beispiels der Schweizer Universitäten dargestellten Modells einer AAI ist zu sehen, dass hier der Anbieter der Ressource selber für die Autorisierung zuständig ist. Wie genau dies jedoch implementiert wird, ist nicht beschrieben. Eine denkbare Lösung wäre also die Einführung des IDM, um den Bereich der Autorisierung innerhalb einer AAI abzudecken.

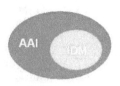

Abbildung 7: Vergleich von AAI und IDM (Quelle: Eigene Darstellung)

Abbildung 7 beschreibt den eben genannten Sachverhalt grafisch. Wie bereits erwähnt kann bei einem Vergleich der beiden Verfahren verstanden werden, dass IDM eine Teilmenge vom AAI darstellt, da mit dem Ersteren die Autorisierung der Benutzer gewährleistet wird, die ebenfalls nur eine Teilmenge der AAI ist.

Zum Schluss kann gesagt werden, dass zwischen den beiden Verfahren keine zwangsläufigen Abhängigkeiten bestehen. Dies ist zum einen daraus zu erkennen, dass das IDM nicht auf eine AAI angewiesen ist, diese jedoch ohne eine AAI selber für die Authentifizierung der Benutzer sorgen muss, da z.B. die verschiedenen Rechte auf Ressourcen nur sinnvoll zugewiesen werden können, wenn die Echtheit des Benutzers auch tatsächlich bestätigt ist. Ebenso ist eine AAI nicht zwingend auf das Bestehen eines Identitätsmanagement angewiesen, da die Autorisierung der Benutzer auch auf andere Weise erfolgen kann. Beide Verfahren ergänzen sich sinnvoll in diesem Bereich. Für eine zweckmäßige Authentifizierungs- und Autorisierungsinfrastruktur sollten diese beiden zusammen verwendet werden.

5.4 Zusammenfassung der Vergleiche

In diesem Kapitel werden die zuvor erarbeiteten Ergebnisse noch einmal kurz zusammengefasst.

Wie im zweiten Kapitel bereits beschrieben, ist eine PKI insbesondere für die Authentifizierung von Benutzern zuständig. Diese stellt sie mit Hilfe von Zertifikaten sicher, die sie vergibt und für deren Gültigkeit sie garantiert.

Das IDM wird hingegen für den Bereich der Autorisierung eingesetzt. Es ermöglicht Benutzern den sicheren Zugang zu Netzwerken und Applikationen.

Somit sind die beiden Bereiche Authentifizierung sowie Autorisierung abgedeckt, welche sich mit der Abkürzung AAI zusammenfassen lassen. Dieser Zusammenhang soll durch die nachfolgende Abbildung verdeutlicht werden.

Abbildung 8: Zusammenhang AAI, PKI und IDM (Quelle: Eigene Darstellung)

Abschließend wird in der nachfolgenden Tabelle ein Überblick der drei Verfahren in Bezug auf unterschiedliche Kriterien gegeben.

Tabelle 1: Vergleich PKI, AAI und IDM (Quelle: Eigene Darstellung)

Bereich	PKI	AAI	IDM
Aufgabenverteilung	Baumstruktur	Föderativ	
Ziele	Gewährleistung einer korrekten Authentifizierung der Nutzer	Authentifizierung und Autorisierung von Nutzern für verteilte Ressourcen	Sicherer Zugang/Umgang von Personen zu Netzwerken und Applikationen
Verschlüsselung	asynchron	Wenn eine PKI für die Authentifizierung eingesetzt wird dann auch asynchron, es sind aber auch synchrone Lösungen denkbar	Kann ebenfalls bei einem zusätzlichen Einsatz von PKI asynchron sein, IDM selber hat meist keine Verschlüsselung
Akzeptanz	Hohe Akzeptanz	Gut, weil es komfortabler für Nutzer und Admin ist	Mittelmäßig, da es sehr teuer ist und einen hohen Aufwand besitzt
Kosten	Sehr teuer	Teuer	Sehr teuer
Organisatorischer Aufwand	Sehr hoher organisatorischer Aufwand	Anfangs hoch	Anfangs hoch
Arbeitsabläufe	Keine direkte Beschleunigung	Beschleunigung	Beschleunigung

Zu Tabelle 2 ist noch folgendes zu sagen: wir haben diese Kriterien gewählt, da diese einen hohen Praxisbezug auf die ausgewählten Kriterien, die Unternehmen an die genannten Verfahren stellen, darstellt.

Die Aufgabenverteilung, Ziele und Verschlüsselung sollen an dieser Stelle nicht wiederholt werden, da diese Kriterien ausgiebig in den ersten Kapiteln erläutert wurden. Auf die Akzeptanz, die Kosten und den organisatorischen Aufwand soll jedoch kurz eingegangen werden.

Zuerst soll die Akzeptanz der verschiedenen Verfahren beleuchtet werden. Diese ist bei der PKI sehr hoch einzustufen, da dieses von vielen Unternehmen anerkannt und eingesetzt wird. Bei der AAI ist diese gut, da die Nutzung nach der Einführungsphase für die User sowie Administratoren vereinfacht wird. IDM wird meist nur in bestimmten Bereichen in Unternehmen eingesetzt, da die Akzeptanz hierfür nicht sehr hoch ist. Dies hat auch mit den nächsten beiden Kriterien zu tun, da die Einführung eines Identitätsmanagement sehr teuer ist und zudem einen hohen organisatorischen Aufwand aufweist. Die Arbeitsabläufe werden hingegen beschleunigt, da viele Prozesse automatisiert durchgeführt werden. Ohne IDM müssten diese manuell von Mitarbeitern durchgeführt werden, die somit einen höheren Zeitaufwand beanspruchen. Bei AAI ist im Gegensatz nur bei der Einführung mit höherem organisatorischen Aufwand zu rechnen, wodurch auch dieses Verfahren zunächst hohe Kosten verursacht. Die Arbeitsabläufe werden genau wie bei dem Identitätsmanagement beschleunigt, da der Zugriff auf z.B. Ressourcen beschleunigt und vereinfacht wird. Ebenso ist bei einer PKI mit einem hohen organisatorischen Aufwand zu rechnen, der hohe Kosten verursacht. Die Arbeitsabläufe werden von einer eingesetzten PKI nicht unbedingt beschleunigt, da der Aufwand meist nur bei unterschiedlich großen Unternehmen variiert. Da jedoch immer noch eine Prüfung der Identitäten stattfinden muss und dies nur im gewissen Umfang automatisiert durchgeführt werden kann, werden die Arbeitsabläufe nicht wirklich beschleunigt.

Als Fazit aus dieser Arbeit ist deshalb folgendes zu sagen: Wie schon erwähnt erzeugen die Verfahren bei der Einführung meist einen hohen Aufwand und dadurch verbundene hohe Kosten. Jedoch werden dadurch die Abläufe meist deutlich beschleunigt, die Fehleranfälligkeit verringert und die Sicherheit erhöht. Gerade durch die immer strenger werdenden Gesetze im Bereich der IT-Systeme sollten die Unternehmen angestrebt sein, langfristig die aufgezeigten Verfahren einzusetzen, um diesen Regularien gerecht zu werden. Ebenso muss jedes Unternehmen selber entscheiden, ab wann sich diese Verfahren amortisieren und ob es sich überhaupt lohnt. Selbstverständlich ist klar, dass ein Unternehmen mit zwei Mitarbeitern kaum ein teures Identitätsmanagement benötigt, da dieses noch leicht den Überblick über seine Mitarbeiter hat und z.B. Autorisierungsmaßnahmen manuell geregelt werden können. Großunternehmen sollten hingegen angestrebt sein, diese Verfahren einzusetzen, um zum einen die Authentifizierung der Mitarbeiter sowie Benutzer sicherstellen zu können und zum anderen die Autorisierung dieser Nutzer zu gewährleisten.

Quellen

[CC04]   Carsten Casper; Warum ist Identitätsmanagement
         wichtig für Unternehmen?;
         http://www.uspmarcom.de/itverlag/IM/documents/Me
         taGroup.pdf; abgerufen am 09.01.2009

[CW08]   Computerwoche.de; SOA braucht Identitäts-
         Management
         http://www.computerwoche.de/virtualdatacenter/siche
         rheit/expertenwissen/1862821/; abgerufen am
         07.12.2009

[DFN06] DFN; 2006; Zertifizierungsrichtlinien der DFN-PKI;
         https://www.pki.dfn.de/fileadmin/PKI/DFN-
         PKI_CP_v21.pdf; abgerufen am 12.12.2009

[EC09]   Claudia Eckert; Oldenburg Wissenschaftsverlag 2009;
         IT-Sicherheit Konzepte – Verfahren - Protokolle

[GO05]   Olaf Gellert; SecuMedia-Verlags-GmbH 2005; PKI-
         Kopplung   in   der   Praxis;
         http://www.kes.info/archiv/online/05-4-006.htm;
         abgerufen am 29.12.2009

[HN04]   Robert Hansen, Gustaf Neumann, Lucius&Lucius
         Verlagsgesellschaft mbH 2005; Wirtschaftsinformatik
         1 Grundlagen und Anwedungen

[IO09]   Inopra;   2009;   What   ist   PKI?;
         http://inopra.com/whatispki.php;   abgerufen   am
         29.12.2009

[ITW09] IT-Wissen;   Identity-Management
         http://www.itwissen.info/definition/lexikon/Identitaets
         -Management-IM-identity-management.html;
         abgerufen am 30.11.2009

[JE08]   Jens;   Der   Hund   und   das   Internet
         http://www.blogs.uni-
         osnabrueck.de/web20/2008/04/23/der-hund-und-das-
         internet/; abgerufen am 14.12.2009

[KT07]   Micki Krause, Harold F. Tipton; CRC Press,
         2007; Information Security Management Handbook;
         http://books.google.de/books?id=B0Lwc6ZEQhcC&p
         g=PA1175&dq=pki+public+key+infrastructure#v=on
         epage&q=pki%20public%20key%20infrastructure&f
         =false

[MD06]   David   Meier;   2006;
         http://www.id.uzh.ch/cl/zinfo/old/zinfo0014/aai.html;
         abgerufen am 30.11.2009

[MN08]   Michael Noack; Selbstdarstellung im virtuellen
         Netzwerkraum; GRIN Verlag; 2008

[OG09]   The Open Group; 2009; Single Sign On;
         http://www.opengroup.org/security/sso/; abgerufen am
         23.12.2009

[PF09]   Paul   Frießem;   Identity   Management;
         http://www.secure-
         it.nrw.de/_media/pdf/veranst/friessem_idm_essen.pdf;
         abgerufen am 23.12.2009

[RT09]   Roy   Tanck;   Identity   Management;
         http://mindsquare.de/angebot/technische-
         skills/identity-management/; abgerufen am 14.12.2009

[SAAI09] Switch;   2009;   Authentifizierungs-   und
         Autorisierungs-Infrastruktur (AAI) in Kürze;
         http://www.switch.ch/aai;   abgerufen   am
         22.11.2009

[SB09]   Shibboleth;   2009;   About   Shibboleth;
         http://shibboleth.internet2.edu/about.html;
         abgerufen am 27.12.2009

[SR09]   Stefan   Richter,   Identitätsmanagement
         http://www.hpi.uni-
         potsdam.de/uploads/media/Identitaetsmanagement
         _-_Paper_v1.1.pdf; abgerufen am 30.11.2009

[SRPKI09] Roland Schwarz; Symposion Publishing GmbH
         2009; PKI – Public Key Infrastrukturen;
         http://www.symposion.de/?cmslesen/q7001003_1
         9930201; abgerufen am 22.12.2009

[TM09]   Michael Trindler; 2009; Authentifizierungs- und
         Autorisierungs-Infrastruktur;
         http://www.id.uzh.ch/zinfo/zora-aai.html#13;
         abgerufen am 23.12.2009

[UH09]   Uni   Hildesheim: Virtuelle   Identität
         http://www.uni-
         hildesheim.de/meum/index.php?option=com_cont
         ent&task=view&id=257&Itemid=263;   abgerufen
         am 14.12.2009

[UIBK09] Universität   Innsbruck;   2009;
         http://www.uibk.ac.at/zid/systeme/aai/index.html;
         abgerufen am 30.11.2009

[UKA09] Universität Karlsruhe; 2009; Netzsicherheit –
         Architekturen   und   Protokolle;
         http://www.tm.uka.de/itm/uploads/folien/188/ns-
         06a-PKI-PMI-Grundlagen_2on1_comments.pdf;
         abgerufen am 29.12.2009

[WPAK09] Wikipedia; 2009; Asymmetrische Kryptosysteme;
         http://de.wikipedia.org/wiki/Asymmetrisches_Kry
         ptosystem; abgerufen am 30.11.2009

[WPC09] Wikipedia;   2009;   Compliance;
         http://de.wikipedia.org/wiki/Compliance;
         abgerufen am 31.12.2009

[WPP09] Wikipedia;   2009;   Provisioning;
         http://de.wikipedia.org/wiki/Provisioning;
         abgerufen am 31.12.2009

[WPPKI09] Wikipedia; 2009; Public Key Infrastructure;
         http://de.wikipedia.org/wiki/Public-Key-
         Infrastruktur; abgerufen am 07.12.2009

[WPS09] Wikipedia;   2009;   SOA;
         http://de.wikipedia.org/wiki/Serviceorientierte_Ar
         chitektur; abgerufen am 31.12.2009

[WPSB09] Wikipedia;   2009;   Shibboleth;
         http://de.wikipedia.org/wiki/Shibboleth_%28Inter
         net%29; abgerufen am 27.12.2009

[WT06]   Thomas Wölfl; Springer Verlag 2006; Formale
         Modellierung von Authentifizierungs- und
         Autorisierungsinfrastrukturen: Authentizität von
         deskriptiven Attributen und Privilegien auf der
         Basis digitaler Zertifikate

www.ingramcontent.com/pod-product-compliance
Lightning Source LLC
La Vergne TN
LVHW042324060326
832902LV00010B/1719